U0932123

靈修著作精選 |盧雲系列|

盧雲靈思集．生命中的蒙愛時刻

盧　雲——著
莫格巴　主編
黃大業　譯

基道出版社

▼

靈修著作精選•盧雲系列

盧雲靈思集·生命中的蒙愛時刻

A Spirituality of Living

作者
盧雲 Henri J. M. Nouwen

英文版系列主編
莫格巴 John S. Mogabgab

譯者
黃大業

責任編輯
余雪

裝幀設計
奇文雲海·設計顧問

■

出版／發行
基道出版社
香港沙田火炭坳背灣街 26 號富騰工業中心 10 樓 1011 室
LOGOS PUBLISHERS
Unit 1011, 10/F, Fo Tan Ind. Centre, 26 Au Pui Wan St., Shatin, Hong Kong
電話：(852) 2687-0331　傳真：(852) 2687-0281
網址：https://www.logos.com.hk

承印
嘉昱有限公司

●

2/2018 初版
Cat. No. LP664
ISBN: 978-962-457-551-4

刷次	10	9	8	7	6	5	4	3		
年份	2034	2033	2032	2031	2030	2029	2028	2027	2026	2025

目錄

《盧雲靈思集》緣起

盧雲（Henri J. M. Nouwen）一生尋索凡事的核心。他從不滿足於做生命的旁觀者，總要盡心盡力探索新經驗、新關係。他以赤子之心，滿懷熱忱地察看世界，確信可以在生命中發現那位無條件愛我們的上帝。盧雲的生命與事奉所呈現的不息志趣，幫助我們在日常生活中辨識上帝。

《盧雲靈思集》（The Henri Nouwen Spirituality Series）嘗試體現盧雲對當代議題

的慈悲心懷與關注。通過「盧雲學會」（Henri Nouwen Society）與「馬可樓事工」（Upper Room Ministries）的伙伴關係，這系列將盧雲生前所關心的議題，作出嶄新的梳理。深盼這系列每本小書皆可助你發現一事：在你的生活作息中，上帝與你親近——比你所想的更親近。

緒言

本書井井有條、引人入勝，蘊含盧雲最重要的教導之一。它是盧雲一生的成果——盧雲既為學者，亦與無數人的生命深深結連；這本書既反照他的自我反省能力，亦顯示他對耶穌的生平、精神、教導的鑽研深度。它不長篇大論，可能亨利（譯註：本文作者對盧雲的稱呼）不用花太多時間就能寫完本書，但它仍然堪稱我們這時代一位靈修大師的慧語結集。

每個人都渴求生活美滿，體驗相愛與歸屬，與家人朋友結連，對世人有獨特的貢獻——然而怎麼做到？怎麼做才能滿足我們最深的渴求？簡言之，人應該怎樣生活？亨利向我們提供一個解答上述疑問的靈修進路，一個關乎生活的靈修進路，一個可以轉化生命的靈修進路。

我認識亨利，是在范尼雲（Jean Vanier）創立的「方舟團體」（L'Arche）中，它座落於法國小鎮特羅斯利 · 布勒伊（Trosly-Breuil）。時維一九八四年，亨利從哈佛大學申請公休假去方舟小住，而我當時是方舟的同工。我們開展的一段友誼，在十年間

不斷加深；我們也同時在方舟擔負帶領的職事。

我當然知道亨利——他是教師兼作家，擁有心理學與神學學位，又曾在幾所享譽國際的大學任教，不過我發現他更是個孜孜不倦研究自己及他人的終身學習者。我和他之間的友情，以及我們在方舟的共事，讓我有意想不到的機會，窺探亨利對生命最重大議題的求索經過。我也有幸目睹他深度聆聽的本事——不論對方來自甚麼階層、擁有怎樣天差地遠的種族或宗教背景、或軟弱或剛強。

亨利陪伴墮入愛河的人，也陪伴為情所

傷的人。他親近垂死的人，坐在他們身旁。他也與初生嬰孩的父母（或私下、或公開）分享喜樂。他專心聆聽爭取社會公義的行動者，也樂意親近追求默觀生命的人。他與憂鬱、已萌輕生之念的人同行，也與創意澎湃的人同行。他的朋友中有超級富豪，也有內心富有卻一文不名的人。

亨利因此深諳人心的樣式。

與其他先行者一樣，亨利相信通往全人（fully human）之路，是一趟靈性之旅，始於上帝的心腸，亦終於上帝的心腸。他為我們細心探測，繪出一幅可供依循的心靈地圖。

亨利在本書邀請我們以三個彼此相關的「時刻」思考我們的人生，那是三個以耶穌生平為典範的「時刻」：獨處、羣居、慈心服事他人。在獨處與祈禱中，我們才可以保有最真確的身分——上帝的兒女；這身分引領我們與羣體中的成員相交，建立關係，學習歡慶與饒恕；然後就是這些關係推動、支撐我們出去，懷著慈心服事他人。

當亨利定意在生活中開展這獨處、羣居、慈心事奉的循環，他得以回應心底的最大渴求。他向我們指出這路徑，確信它可以為你我帶來豐碩成果。

亨利是非凡的嚮導，他言行一致，一生

踐行己所宣揚的靈修之道。他在自己的靈程中與「鬼魔」對抗，也與戰友站在同一陣線。他學會了不畏患難——無論是自己的、他人的，還是世界的。

最重要的，是亨利努力活出忠信的生命。他矢志忠於上帝，忠於自己的獨有恩賜，忠於所屬的羣體，忠於身邊一切患難中的哀鳴。他對生活的屬靈洞見，本於他對活出真誠人生的渴求。這不正是我們所有人的目標嗎？

透過獨處、與他者相交、帶著慈心走進受難世界，亨利發現了他所歸屬的真理。他同時發現了一種超越理解（understanding）的

平安。

亨利的這本書會引領你達至那境地。

拿單・波爾

（Nathan Ball）

盧雲著作基金會

（The Henri Nouwen Legacy Trust）

鳴謝

一個出版系列的書愈多，編輯也就愈加感激每本新書背後的團隊支持——這句話正是你手中捧著的這本書(編按：指本書英文版)的寫照。它的精美裝幀是加州聖克拉拉(Santa Clara, California) Pearson and Company 兩位同工 Resa Pearson 及 Elaine Go 的創意成果。設計師 Nelson Kane 為封面作特殊處理，令它格外亮麗。若非得到多倫多大學聖米迦勒學院（University of St. Michael's College in

Toronto）盧雲檔案室（Henri Nouwen Archives）同工 Gabrielle Earnshaw 慷慨襄助，要取得合適的手稿編寫這本書，應該會費時許多。至於原材料的版權與授權，多蒙「盧雲著作基金會」Kathryn Smith 的專業指導與詳細考究，種種困難迎刃而解。她（還有 Sue Mosteller、拿單．波爾）對本書的編寫建樹良多，令本書的內容更扎實。我尤其要向拿單致謝，他在百忙中為本書撰寫〈緒言〉。

我的馬可樓出版社（Upper Room Books）同工向來可靠，這次也不例外，當我被諸事分心，他們毋忘提醒我，令我重回軌道。我要感謝 Eli Fisher 的精準審校、Rita Collett 的

計劃管理、Nanci Lamar 的製作執行，這一切將一堆手稿化為書本；還有馬可樓出版社前編輯總監、現任「馬可樓事工」副執行總監的 Robin Pippin 對這出版項目的信心與支持，謹此致意。

莫格巴

（John S. Mogabgab）

《盧雲靈思集》編輯

有一朵雲彩來遮蓋他們；也有聲音從雲彩裏出來，說：「這是我的愛子，你們要聽他。」

可九7

操練與作門徒

沒有操練的靈命，
是不可能存在的。

《新造的人》
（*Making All Things New*）

靈命，乃是蒙上帝的靈指引的生命；這同一位聖靈，也指引耶穌在世的生活。既然如此，我們該如何與聖靈聯繫，聆聽聖靈的聲音，服從聖靈的指引？這並非易事——當今日世界這麼多事情發生、這麼多聲音吸引我們注意。我們能夠為上帝造出少許空間，在其中聽取、感受、體悟上帝的靈，以至作出回應嗎？我們生命中有沒有空間，是上帝的靈在當中有機會吸引我們注意的呢？

聖靈賜予我們的生命，
是死亡不能銷毀的。

《心靈麵包》
（*Bread for the Journey*）

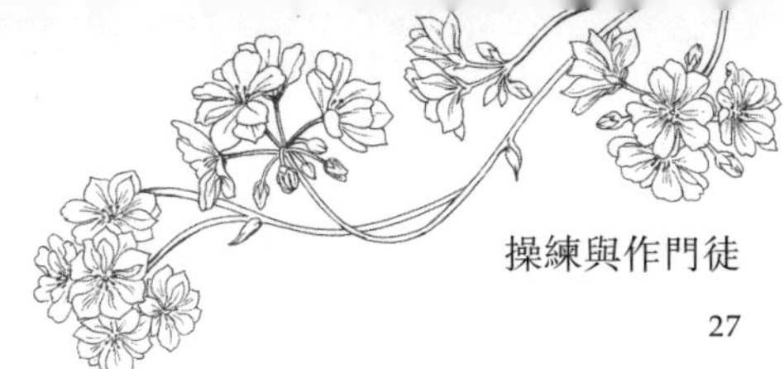

我們的日程表總是填得滿滿：很多事要做，很多人要見，很多活動要參加。我們都喜歡大忙特忙，可以告訴自己：我既是大忙人，我的人生必然相當重要。就算我們不「忙」，也起碼會「惘」——滿心擔憂諸般還未發生或已經發生的事。方寸之間，滿有對可能發生之事的思慮，對已經發生之事的歉疚，而在思慮與歉疚底下，是對餘暇空間的抗拒恐懼——若出現餘暇空間，豈不同時製造機會讓一些無法預料後果的新事發生？那可能引領我們到我們不願意去的地方啊（參約二十一 15～19）！然而，靈命操練之重要，正在於此。

「作門徒」的英文 discipleship 與「操練」的英文 discipline 來自同一字源——這經常叫我深思。當我們決志宣告：「嗳，我想跟隨耶穌（譯註：意即作祂的門徒）」，隨即要問的就是：「我要有甚麼操練，才會忠於這立志？」我們想成為耶穌的門徒，就要操練靈命，過有紀律的生活。

論到「操練」，我想說的不是「控制」（譯註：discipline 有多重意思，除了「操練」、「紀律」，亦可解釋為「學科」、「管教」等）。我若懂得心理學或經濟學之類的「學科」（discipline），我算是對這門知識有某程度的「控制」能力。我若「管教」（discipline）兒

要有認真的操練，

我們才會讓上帝——而不是世界——

主宰我們的心思。

《念茲在茲》
（*Here and Now*）

女，也是想對他們有某程度的「控制」。但就靈命而言，「操練」(discipline)的意思是「製造空間，讓上帝在當中行事」。靈命操練，就是不讓生命空間被填得滿滿。靈命操練，就是要令自己不要「忙」，更不要「惘」。靈命操練乃是創造空間，讓我們不曾計劃或倚仗的事可以在當中發生。靈命操練幫助我們追隨聖靈的聲音，祂要引領我們發現新地方、新人、新服事形式。

我認為有三樣操練有助我們持守忠信，如此我們便不會止步於「想成為門徒」，而是能夠真正成為貫徹始終的門徒。這三樣操練蘊含在一段我們熟悉的經文中，雖然我們可

能不曾留意這段經文論及靈命操練。

> 那時，耶穌出去，上山禱告，整夜禱告上帝；到了天亮，叫他的門徒來，就從他們中間挑選十二個人，稱他們為使徒。這十二個人有西門(耶穌又給他起名叫彼得)，還有他兄弟安得烈，又有雅各和約翰，腓力和巴多羅買，馬太和多馬，亞勒腓的兒子雅各和奮鋭黨的西門，雅各的兒子猶大，和賣主的加略人猶大。
>
> 耶穌和他們下了山，站在一塊平地上；同站的有許多門徒，又有許多

百姓，從猶太全地和耶路撒冷，並泰
爾、西頓的海邊來，都要聽他講道，
又指望醫治他們的病；還有被污鬼纏
磨的，也得了醫治。眾人都想要摸
他；因為有能力從他身上發出來，醫
好了他們。

（路六 12～19）

這段精采的記述，其時段從晚上一直延續到隔日清晨、下午。耶穌整晚獨處，與上帝同在。到了早上，祂招聚門徒到身邊，形成一個羣體。同日下午，祂與門徒一起出去傳講上帝的道，又醫治病者。留意這個順

序：從獨處到羣居到事奉。晚上是為獨處，早上是為羣居，下午是為事奉。

太多時候在事奉中，我們只喜歡單打獨鬥——應付不了，才會去到人前說：「求你幫我！」我們到羣體尋求幫助——如果還是應付不了，也許會開始禱告。然而耶穌教導我們的順序恰恰相反：一切先從在獨處中與上帝同在開始；我們與上帝的同在會孕育出一個團契，一個與我們一起活出使命的羣體；最後這個羣體出去醫治疾病，宣揚福音。

我相信我們能夠以獨處、羣居、事奉，為三個有助創造空間給上帝的靈命操練。如果我們造出上帝能夠在其中行事說話的空間，就會有出人意表的事發生。我們想成為門徒，就要聽隨上帝呼召，踐行這些靈命操練。

當我知道自己與主同行，

就覺得快樂，

滿有平安。

《感恩》
（*¡Gracias!*）

獨處

在獨處中，
我們不但與上帝相遇，
也與自己的真我相遇。

《羅馬城的小丑戲》
（*Clowning in Rome*）

獨處就是與上帝同在，獨自與上帝同在。我們生命中有這樣的空間嗎？

交通

每個人心底都渴求交通（communion），這飢渴顯於許多形式：渴望被擁抱；需要與人親近；尋覓親密關係、友誼、同伴；盼望有人聆聽、明白心事；渴求與人有身、心、靈的結合。總言之，無人能夠逃脫對交通的渴求。若這飢渴獲得滿足，就能經驗喜樂與平安；若這飢渴不獲滿足，就會經驗苦楚，許多時更是心底的創痛。我們渴想有所歸屬，與人連結，有歸家的感覺，平靜而安穩——我們深知單靠自己不可能滿足這些渴望。我們全心呼求心靈摯友。我們的心需要另一顆心的慰藉。

對交通的渴求，是來自上帝的寶貴禮物，也是我們靈性旅程的真正驅動力量。對交通的渴求，是信、望、愛的根源——同樣是不信、絕望、恐懼的根源。怎樣面對自己對交通的渴求，就決定了我們怎樣過自己的

交通帶來羣體，

因為住在我們心中的上帝，

能幫助我們辨認其他人心中的上帝。

《熾熱的心》
（*With Burning Hearts*）

生活。

信耶穌，就是相信耶穌與聖父之間的交通。耶穌問：「你信我嗎？」（參約十一25～26），祂的意思是：「你相信我是與上帝交通無間的那一位嗎？你相信聖父告訴我的一切，我都會告訴你嗎？你相信聖父想做的一切，都會藉著我去做嗎？你相信我就是奉聖父差來的那一位嗎？」信耶穌，乃是相信耶穌就是奉上帝差來的那一位。在耶穌身上，上帝的豐盛具體可見。進一步說，信耶穌，就是相信聖父與聖子之間，有親密、豐實、完全的交通，所以看見耶穌就是看見聖父，觸摸耶穌就是觸摸上帝；這位上帝是父，是

母，是兄，是姊。而耶穌藉著賜給我們聖靈，將我們也收納在這最親密的交通裏。耶穌說：「我去是與你們有益的……我若去，就差聖靈來」(參約十六7)。在聖靈裏、藉著聖靈，我們全然成為「耶穌與聖父之間愛的關係」的一分子——這是救贖的奧祕，也是靈命的應許。

聆聽

昔日耶穌整晚與聖父交通。我且給「交通」下個定義：耶穌整晚聆聽聖父稱祂為「蒙愛的」(the Beloved)。耶穌在約旦河受洗，從水裏上來，這同一個聲音稱祂為「我的愛子」（路三 22）；這個聲音在耶穌登山變像時又再出現：「你是我的愛子，我喜悅你。我宣告你是我所愛的，你是我傾心眷愛的對象，你是我的摯愛」（參路九 35）。正因為確知自己是上帝所愛的，耶穌才可以在一個不將祂當作「蒙愛的」的世界中行走自若。百姓讚賞祂，也嘲笑祂；擁戴祂，也棄絕祂。百姓高呼「和散那！」，也高呼「釘死祂！」——但在所有聲音中，耶穌知道一件事：**我是蒙愛的；我是上帝的摯愛**。祂牢牢記住這聲音。耶穌在晚上禱告時，完全擺脱一切纏累，全然投向這個稱祂為「蒙愛的」的聲音。

所謂世俗，

就是行事為人取決於

周圍環境對我們的回應。

《心靈之路》
（*The Way of the Heart*）

我們獨自在山上與上帝同在，為何這麼重要？因為那是我們可以聽到上帝稱我們為「蒙愛的」的地方。耶穌對我們說，我們是蒙愛的，正如祂那樣蒙上帝所愛。那同一個聲音也向我們說話。祈禱，就是容讓那聲音向我們的生命核心說話，這聲音要響徹我們整個生命。我是誰？我就是蒙愛的。我們若不以那聲音為我們生命最深渺的真理，就難有力量在這世界行走自若。

世上有很多其他聲音——而且洪亮：「向我證明你是蒙愛的啊！向我證明你有價值！向我證明你有貢獻！做幾件有意義的事啊！確保你名垂青史啊！起碼擁有一點權力

吧——這樣人們才會愛你，然後稱讚你厲害，稱讚你偉大！」

這些聲音大有影響力，因為觸及我們隱而未現的不安，催促我們成為大忙人，向世人證明我們的能力，值得大家注視。有時我們以為忙碌是出於踐行召命，然而耶穌知道，許多時候，我們要證明自己的價值，無非是受到試探。正如耶穌聽了「你是我所愛的」之後不久，另一個聲音隨即向祂說：「向我證明你是蒙愛的啊！做點事嘛！將這些石頭變做餅吧！確保你可以成名啊！從聖殿頂跳下去，你會馬上成名！爭取權力在手，讓自己有實質的影響力！你不想有影響力嗎？你來到這裏，不就是為了這個嗎？」

耶穌回答説：「不！我不需要證明甚麼。我早已是蒙愛的」(參太四 1 ～ 11)。

我鍾愛林布蘭（Rembrandt）的一幅畫作《浪子回頭》(*The Return of the Prodigal Son*)。畫中的父親擁著兒子，撫摸他説：「你是我所愛的，我不會盤問你甚麼——你去了哪裏，你做了甚麼，其他人怎樣談論你——總之你是我所愛的。你在我懷裏是安全的。你可以回家，回到我面前，我的名字是憐憫，我的名字是愛。」

我們能夠謹記這點，則無論面對多大的成功或多大的失敗，都不會失去我們的身

上帝擁抱我們之前，

並不要求我們的心純潔無瑕。

《黎明路上》
（*The Road to Daybreak*）

分，因為我們的身分是「蒙愛的」。遠在我們的父母、兄弟、姊妹、老師、教會，以至任何人，以愛或以惡觸及我們之前——遠在我們被這人接納或被那人拒絕之前——那個聲音已經存在：「我以永遠的愛愛你」（耶三十一3）。這愛在我們出生前已經存在，在我們離世後也會存在。人一生的歲月，無論是五十年、六十年、七十年，還是一百年，都不過是片刻的光陰，然而上帝卻賜予我們機會作出回應：「嗯，我也愛祢。」在馬槽裏，在十字架上，上帝變得極脆弱，極微小，極無助——不斷向我們發問：「你愛我嗎？你真的愛我嗎？」

聆聽不是易事，耶穌整**夜**禱告，這意象指向一個事實：禱告異於我們經常所感受到的事物。上帝的聲音，並非我們經常用肉耳聽到的聲音。上帝的話，並非忽然閃耀在腦中的灼見，或滿足心靈的真知。上帝的心比我們的心大，因此總是超越我們的感覺與情緒。上帝的意念高於我們的意念，因此總是超越我們的灼見與睿智。許多與上帝深交的祈禱，都發生在晚上，在信心的黑夜中，在黑暗中；因為上帝的光太亮了，我們的眼睛受不了，我們的心思意念，也盛載不了所學的道理。

這正是操練禱告的宏旨——上帝呼召

我們禱告，不是因為我們想禱告，或因為禱告帶來洞見，卻無非是因為我們願意順服上帝，聆聽那個稱我們為「蒙愛的」的聲音。「聆聽」的英文 listen 源於拉丁文 *audire*，「全心傾聽」就是 *ob-audire*，「順服」的英文 obedience 就是源於這詞。耶穌是順服上帝的典範，換言之，祂全心傾聽上帝的聲音，全然向上帝的愛敞開。如果我們選擇封閉，封閉的狀況叫 *surdus*，就是「聾」的拉丁文。聾的程度愈深，就變得愈加 *absurdus*，而一個荒謬（absurd）的生命，正是一個不再聆聽、不斷被各種聲音分心的生命，以至忘卻了一個重大的真理：我們是蒙愛的。假若我們開始

對稱我們為「蒙愛的」的那個聲音充耳不聞，就會開始到處尋找那個聲音的替身——麻煩就來了。我們在不可能找到愛、肯定、讚賞的地方，搜尋愛、肯定、讚賞，於是耽迷於各樣事物：酒精、藥物、關係、業績、別人的評論、控制一切的慾望。

在世間能夠真正活得自由，源於聽得清楚一個真理，這真理關乎我們的身分，即「我們是蒙愛的」，這也是禱告的意義所在。因此禱告不僅是偶一為之的快事，而是極要緊的生活態度，為我們帶來愛人的自由——不因為對方將會以愛還愛，而是因為我們大大蒙愛，這滿溢的愛令我們甚至願意與人分享這愛。

禱告為人與人之間的愛
帶來生機。

《感恩》
（*¡Gracias!*）

這是事奉的起點，因為我們的自由，繫於對自己蒙愛身分的確認。既然蒙愛，就能夠走進世界，觸摸人，醫治人，與人交談，讓別人知道他們也是蒙愛的、蒙揀選的、蒙福的。當我們發現我們是蒙愛的，就會看到他人也是蒙愛的，於是我們願意活出愛。這是關乎上帝的愛的極大奧祕：我們愈知道自己何等蒙愛，愈能知道我們的人類同胞也是何等蒙愛。

但我們必須禱告。我們必須聆聽稱我們為「蒙愛的」的那個聲音。

惟願我們能夠每天騰出三十分鐘，僅僅做一件事：從聖經抽出一個單詞或片語，將它刻在我們的心思意念中。「耶和華是我的牧者，我必不致缺乏」(詩二十三1)，將這節經文唸三遍。我們知道那不是自己心中的想法，因為我們想要的東西太多了！因此我們提心吊膽！但如果我們不斷唸出這真理——「耶和華是我的牧者，我必不致缺乏」，讓這真理從腦袋落入心底，漸漸地，這些話就會刻在我們心中聖所的壁上——就在這個空間，我們可以盛載同事與差事、家人與朋友，還有生活中遇見的所有人。

問題是，就在我們坐下嘗試安靜之際，腦中會泛起許多想法。**天啊！我竟然忘記了，我要打電話給他，我約了他啊！**我們的

主啊，

要將心歸向祢，

為何總是這麼困難？

《頌主慈聲》
（*A Cry for Mercy*）

內在生命像一棵香蕉樹，樹上有羣猴子跳來跳去！要在獨處中安靜坐下，並相信上帝會向我們說話——並非顯靈似的發聲，而像隨年月增添的知識——是很不容易的事。不過那些從上帝而來的話，可以令我們在內心找到一個空間，盛載我們的生活。

在獨處中，耶穌聆聽上帝的聲音。我們也在獨處中聆聽上帝的聲音。獨處是羣居的起點。

羣居

羣體
是卑微與榮耀
交會的地方。

《心靈麵包》
（*Bread for the Journey*）

藉著祈禱，我們與上帝交通，就在這交通中，我們發現上帝呼召我們羣居。獨處總會召聚我們羣居，這實在有意思。在獨處中我們醒悟一事：我們是人類大家庭的一分子，渴望與其他成員一起成就一些事。

論到羣體，我指的不是社羣組織，而是家庭、朋友、教區、脫癮小組、祈禱小組。羣體不是組織，而是生活方式。我們召聚一些人在身邊，向他們宣告一個真理：我們是上帝所愛的兒子、女兒。

羣居不是易事。帕爾默（Parker Palmer）說得好，羣體是「這麼一個地方：裏面都是你最不想共處、卻偏偏是你整天共處的人」。[1] 在耶穌的十二門徒羣體中，名單中最後一個名字，是出賣主的人（路六 13～16）。總有那樣一個人在我們的羣體中間——也許在其他成員眼中，我就是那個人。

我住在一個名為「黎明之家」（Daybreak）的羣體中，全世界有超過一百個類似的羣體。在這羣體中，有智力障礙的成人及兒童，與服事他們的人一起生活。我們分享日常生活的一切。拿單、珍納，還有羣體

中的所有成員，都知道這樣共同生活有多困難——同時有多美好。

獨處先於羣居——這道理為甚麼那麼重要？因為若不知道自己是上帝所愛的兒女，就會期待羣體成員令我們覺得自己是蒙愛的。我們會期待他人賜予我們完全的、毫無條件的愛。這是不可能的。於是我們與他人的關係總是短暫得可憐。我們期待的是天長地久、日日增進的聯繫，但現實中經驗的卻是撕裂、分離、絕望，不再相信有人能滿足我們對親密關係的渴求。當我們竭力尋覓可以消除孤單的人，希冀卻很快化作沮喪，甚至抑鬱。

放眼四望，都是孤單的人。在今日西方社會，人類苦痛的最大源頭，可能就是孤單。孩童在大城市的街道上孤身闖蕩。少年嗑藥、濫交，無非想逃避孤單片刻。青年在職場，甚至在自己的家中，都覺得孤立無援。世上滿是受苦的人：人際關係只餘沉默，與人交往充滿恐懼，在親密時刻亦苦不堪言，在離異與失喪中疾首痛心。電視、電台、報章所報導的，大多是分離、嫉妒、懷疑、紛爭、暴虐、戰爭、毀滅的故事。似乎整個人類大家庭已是分崩離析，人人落入極深極大的孤單中。而在這一切背後只有哀哭——心底渴求羣居的哀哭。

要有靈性生命，
必須先有勇氣，
踏進孤單的曠野，
默默而不斷地耕耘，
將它化為獨處的花園。

《從幻想到祈禱》
（*Reaching Out*）

羣居並非孤單緊抓孤單：「我好孤單，你也好孤單，你就留下來陪我吧！」緊抓很容易變成轄制，轄制很快會成為令人窒息的零距離。不！羣居是獨處迎迓獨處：「我是蒙愛的，你也是蒙愛的，我們一起建立一個家吧。」有時我們彼此親近，那很好；有時我們感受不到甚麼愛，很難受——可是我們可以忠誠不變，可以一起建立一個家，為上帝、也為上帝的兒女創造空間。

羣居的操練，包含饒恕與歡慶的操練。饒恕與歡慶，是建立婚姻、友誼以至任何羣體的要素。

饒恕

何謂饒恕？饒恕就是接受對方是人、不是上帝。饒恕說：「我知道你愛我，但你毋須毫無條件地愛我，因為沒有人可以這樣做。」

我們都曾經遭受傷害。我們都飽經憂患。在一切成功背後，總蹲伏著一種孤單感；當別人對我們讚譽有加，我們心底總會湧現一種無用感；甚至當人對我們欽羨不已，我們也會感到毫無意義，以至我們有時會緊抓身邊的人，要從他們獲得一種他們無從給予的愛與關懷。

如果要求別人給我們惟獨上帝能夠給我

們的東西，我們就成了別人的重擔。我們呼喊：「愛我啊！」但就在開口之際，這已經變成苛索、轄制，甚至暴戾。不斷彼此饒恕，是非常重要的——不是偶一為之，而是每時每刻為之。每天吃早餐之前，起碼已經有三個饒恕人的機會了，因為我們腦中已經浮現：**他們會怎樣評論我？他（或她）會怎樣對我？他們會怎樣利用我？**

當對方只能給我們一點愛，要饒恕對方，這是一個很難的操練！當我們只能給對方一點愛，要不斷請求對方饒恕自己，這也是一個很難的操練！要對自己的兒女、配偶、朋友承認自己未能按理想的程度去愛他們，

不饒恕，

就是將自己拘禁在尋求報復的慾望中，

並因此喪失自由。

《黎明路上》

（*The Road to Daybreak*）

是極為扎心的事。還有一個很難的操練：饒恕那些未能接受饒恕的人。無論如何，饒恕、接受饒恕，是建立羣體的起點。當人匯聚一起，能夠彼此饒恕，不嚴以律人，羣體就形成了。

歡慶

羣居的第二個操練是歡慶。范尼雲說：「歡慶滋潤我們，恢復我們的盼望，賜予我們力量，得以應付日常生活的苦痛與艱難。」[2]如果我們能夠饒恕某人不能夠給我們惟獨上帝能夠給我們的東西，也就能夠禮讚那人的

恩賜。再者，我們也能夠看見那人對我們付出的愛，委實反映了上帝毫無條件的大愛。人際關係有無窮形式，因為上帝的愛是無窮的，有數不盡的呈現方法。重要的是我們知道一個事實：呼召我們相聚的是上帝。「你們要彼此相愛，像我愛你們一樣」(約十五12)。我們認識了這起初的愛，就能看見那份從人而來、臨到我身的愛，委實是上帝的愛的反映。我們既有了這認識，就能渡過諸般難關，可以禮讚這愛，說：「這實在美好！」

在我所屬的羣體「黎明之家」，我們需要不斷饒恕；隨著饒恕而來的，是歡慶：我們在世人眼中的「邊緣人」身上，往往發現人的美好。藉著饒恕與歡慶，羣體成了這樣一個地方：彼此激發恩賜，互相鼓舞稱讚：「你是蒙愛的女兒，你是蒙愛的兒子。」

禮讚他人的恩賜，不等於以幾句稱賞人的話打發他人——「你的鋼琴彈得比人好」，「你唱歌真好聽」。不！那是才藝表演！禮讚彼此的恩賜，乃是接納彼此的人性（humanity）。在黎明之家，我們看彼此為人——懂得微笑、打招呼、進食、踱步。別人眼中的殘障者，霍然滿有生機，因為藉著他們，我們發現自己的殘障。

我想說的是，在這個世界，太多人終日伏在自我棄絕的重軛下：**我不夠好。我沒有**

用。別人其實不在乎我。如果我沒有錢，他們不會跟我說話。如果我不是身處這職位，他們不會跟我打招呼。如果我沒有這影響力，他們不會愛我。對許多人而言，在名成利就的幌子底下，是誠惶誠恐的心，他們根本看不起自己。他們是雙面人，覺得必須隱藏內心的實況，只能讓人看見外在的輝煌。他們過著與世隔絕的生活，遠離他人，因為他們相信自己的價值僅僅在於能夠付出的恩賜，而與接受他人的恩賜無關。然而，在羣體裏，我們在自己恩賜的領域中是帶領者，在他人恩賜的領域中是跟隨者。羣體是讓我們因著彼此的脆弱而相互依附的地方，在那

在歡慶中，
我們進入天國。

《建立生命的職事》
（*Creative Ministry*）

裏，我們彼此饒恕，也禮讚大家的恩賜。

我在黎明之家學會許多功課。我明白到我的真正恩賜，不是寫作或在大學教書。珍納、拿單及其他人發掘了我真正的恩賜，他們太了解我了，他們已經不再覺得我的恩賜是一回事了。他們偶爾會對我說：「我有個好建議給你，就是：你不如讀讀自己寫的書吧。」

有人知道我的脆弱、煩躁、弱點，是很能帶來療愈的事！我忽然發現一個事實：就算在不讀書、不在意成就的人眼中，我也是個好人！他們可以不斷饒恕我，饒恕我諸般揮之不去兼自以為是的舉措與行徑。

靈命的一大隱患，

是自我棄絕。

《心靈麵包》
（*Bread for the Journey*）

事奉

耶穌呼召我們接續祂的使命：
在這世上彰顯上帝完全的愛。

《黎明路上》
（*The Road to Daybreak*）

耶穌所有門徒都蒙召投身事奉。首先，事奉並非我們要做甚麼事（雖然在事奉中我們的確要做許多事）。事奉是我們相信某些事。如果我們自知是蒙愛的，又不斷饒恕自己所屬羣體的成員，並禮讚他們的恩賜——我們就不可能不投身事奉。

昔日耶穌醫治百姓，毋須大費周章，勞師動眾。祂不會説：「我們先討論十分鐘吧，也許我可以幫助你。」不！有能力從祂純全的心出來，病者就得醫治。耶穌只求一事：成就上帝的旨意。祂是完全的順服者，總在聆聽上帝的話。由於祂不斷聆聽，因此能與上帝建立親密的關係，這種親密關係也臨到祂所看見所觸摸的每個人身上。

要事奉，就要相信我們是上帝的兒女——因此會有能力從我們身上出去，病者會得醫治。

「去醫治患病的。要踐踏那惡者，還要叫死者復活」(編按：參可十六 18)。這不是隨口說說而已，何況耶穌更說：「我實實在在地告訴你們，我所做的事，信我的人也要做，並且要做比這更大的事」(約十四 12)。耶

穌要昔日和今日的門徒明白，我們乃是奉召進入世界，正如祂奉召進入世界——醫治病者，宣告好信息（參路九 1～2）。

要相信上帝的醫治大能。要相信如果我們的行事為人呈現出我們是蒙愛的，就能夠為人帶來醫治——無論我們是否察覺。可是，我們必須忠於那呼召。

帶來醫治的事奉，可以藉著兩個操練來踐行：感恩、憐憫。

感恩

很多時候，能夠引領人去感恩，就能帶

我們會經驗真正的能力，
走過這黑暗幽谷，
行神蹟，顯奇事。

《尋找回家路》
（*Finding My Way Home*）

來醫治，因為世上充滿怨懟。何謂怨懟？怨懟就是隱藏的忿怒。**我惱恨他。這情況令我很生氣。我不希望事情這樣發生。**人傾向將自己的過去分為兩類：樂事——值得感恩；苦事——要麼接受、要麼棄絕。我們若採納這分類法，就會很快出現一種心態：希望收集多點美好的回憶，少點不快的回憶；多點值得感激的事，少點埋怨不休的事；多點歡慶的事，少點怨恨的事。

然而人生充滿失落——失去夢想、失去朋友、失去家人、失去希望。年月過去，我們不滿的事愈來愈多。怨懟使人緊抓自己的失敗或失望，抱怨自己失去的東西。人有一個隱患，就是以怨懟回應生命中刺骨錐心的苦痛。怨懟使我們的心剛硬，成為終日埋怨的人。

感恩的最深層意義，乃是以人生為禮物，以感激的心領受。福音書論及感恩，涵蓋人生的**所有面向**：好的與壞的、喜悅的與痛苦的、神聖的與不甚神聖的。以感激的心擁抱人生所有面向、而不僅是我們想記得的好東西——真有可能嗎？

耶穌呼召我們感恩，呼召我們理解一個真理：喜悅與憂愁，從不是二分的；喜樂與愁苦，其實彼此相屬；哀哭與跳舞，是同一動作的不同部分。因此耶穌呼召我們，要

沒有任何事比這事更難：
真心接受自己的人生。

《建立生命的職事》
（*Creative Ministry*）

為活著的每一個時刻感恩，並以自己獨有的人生旅程為上帝陶造我們的方式，為叫我們的心更貼近上帝的心。十字架是我們信仰的主要符號，提醒我們在痛苦中要尋覓盼望，在死亡面前要重新確認復活的事實。上帝呼召我們感恩，乃是呼召我們相信人生每時每刻，皆可看為十字架之道，它引領我們活出新生命。我們可以為人生中的每一件事——不僅是好事，也包括曾經遇上的所有事——感恩嗎？

在世人眼中，好時光與壞時光、喜樂與愁苦之間，當然是雲泥之別；但在上帝眼中，這些事都有關連，並不分開。我們的事

感恩的心有待我們發掘，

並以極大的專注去維持。

《熾熱的心》
（*With Burning Hearts*）

奉，乃是幫人慢慢對怨懟釋懷，並發現在苦難當中其實也有上帝的賜福。哪裏有痛苦，那裏就有醫治。哪裏有人哀哭，那裏就有人跳舞。哪裏有貧窮，那裏就有上帝的國。

耶穌對我們說：「為你的痛苦哀哭吧，你會在眼淚中發現我，你會在軟弱中經歷我的同在，並因此感恩。」事奉乃是助人學習感恩——就算在痛苦中。感恩可以引領我們進到世人經歷痛苦的地方。有時這痛苦是隱而未見的——在那些看來正常、甚或成功的外表背後。耶穌的門徒是事奉者，要到痛苦的所在之地，不因為他們是虐待狂或被虐狂，而是因為知道上帝隱身在痛苦中。[3]

憐憫

憐憫乃是與受苦的人一同受苦、一起渡過苦難。耶穌看見拿因的婦人，忖道：**她是個失去獨子的寡婦啊！**於是動了慈心。祂從心底深刻地感受到那婦人的哀傷，以至動了慈心，叫她的兒子從死裏復活，讓她失而復得（路七 11 ～ 15）。

當荷蘭畫家梵高（Vincent van Gogh）跑去比利時的破落採礦區與窮人同住，又以悲憫的筆觸描繪荷蘭南部貧農的面貌，他也打從心底感受到類似的人間疾苦。他願意勘探人間深隱之處的憂患，將它呈現在我們眼

感恩，

是耶穌及其跟隨者的生命核心。

《愛勝過恐懼》
（*Lifesigns*）

前，非為叫我們驚嚇，乃為撫慰我們的心。

何謂撫慰？撫慰就是將痛苦沉澱到可以與人分享的層次。對梵高來說，喜樂與愁苦，是神祕地結連一起，無法全然分開的。梵高的撫慰任務，就是將喜悅與憂愁、光明與黑暗、生之愉悅與死之哀傷，同時呈現在畫布上。他的藝術作品，是永不間斷的掙扎，務要觸動人心並各人身處的世界。透過他的草稿、素描、油畫，梵高顯示了何謂與患難者站在同一陣線，甚至將痛苦沉澱到可以真正與人分享的層次——這帶來的結果不是同情，而是新生的「共同力量」，名為「安慰」。[4]

在軟弱中彼此擁抱的人有福了！因為他們必得地土。他們會經歷新的開始。假若我們甘冒大險，操練憐憫，與人一同受苦，當我們坦然無懼地面對彼此的無邊孤單，新生命就會開始呈現。

身為耶穌的門徒，我們奉派到凡有貧窮、孤單、苦難的地方。我們獲賜勇氣去陪伴受苦的人。我們要相信，當我們進到苦痛之地，我們會發現耶穌的喜樂。新的世界，乃在憐憫中生出。

關乎憐憫事奉的呼召，是重大的呼召，我們決不可膽怯。我們決不可說：「我做不到啊。」當我們醒覺自己是蒙愛的，當我們活在

憐憫就是徹底浸淫在人類的境況中。

《慈心憐憫》
(*Compassion*)

羣體中，有朋友環繞身邊，我們就凡事都做得到。我們不再害怕。我們不怕叩門——縱然門後有垂死的人。我們不怕與強者展開討論——知道對方的表面風光背後，其實需要我們的服事。我們是自由的。

我常經驗這一切。當我憂鬱或憂慮，其實我也知道朋友不能幫我走出幽谷。能使我得服事的，乃是那些不怕與我同在的人。的確，我在哪裏覺察自己的匱乏，就在那裏發現上帝的賜福。

自己蒙福的，

必常常祝福他人。

《活出有愛的生命》
（*Life of the Beloved*）

河

靈命得以結出果子，在於愛。

《尋找回家路》
（*Finding My Way Home*）

我有個朋友，幾個禮拜前死了。他是我以前的同學，其他人將葬禮的錄音帶寄給我。葬禮中有段分享，引述一個故事，主角是一條小溪。小溪說：「我可以成為大河。」它努力向前流，遇上一塊巨石。小溪說：「我要繞過這石。」小溪不斷向前沖，因它蘊含強大的力量，終於繞過那石，慢慢變成一條河。

不久河遇上一堵巨牆，它不斷沖擊，終於沖開一個破口，繼續向前邁進。日益壯闊的河說：「我做得到！我能沖破它！我不會容許任何事攔阻我！」

然後是一片森林。河說：「無論如何我都會繼續向前，推倒這些樹木。」河真的這樣做了。

如今這強大的河，立在一大片沙漠的邊緣。烈日當空。河說：「我要越過這沙漠。」但是熾熱的沙不斷吸收河的流水，看來河要斷了。河說：「嗐！嘿！我做得到的，我要越過這沙漠！」然而，河終於斷流，只在沙上形成一個小泥沼。

此時河聽到從天上來的聲音，說：「投降吧。讓我提你上來。讓我作主吧。」

河說：「我在這裏。」

於是太陽將河提到天上，化為一大片雲。太陽將雲送越沙漠，雲在另一端化作雨水，落在遠方的田野上，使土地結出許多果子。

我們人生中難免有站在沙漠邊緣的時刻，只想倚靠己力成事。然而有聲音對我們說：「放手吧。投降吧。在這乾旱之地，我會使你結出果子。相信我。讓我替你作主吧。」

我們的人生最重要的不是成功，而是結果子。我們人生的果子，總是出於我們的苦痛、脆弱、失落。我們人生的果子，只會在我們的心田被徹底犂遍後出現。上帝希望我們結出果子。

讓我們彼此提醒：
給我們帶來真喜樂的，
不是成功，
而是結出果子。

《心靈麵包》
（*Bread for the Journey*）

我們要問的不是：「我餘下的日子，仍可以做到多少？」我們要問的是：「我可以怎樣預備自己全然降服，令我的人生結出果子？」

我們短短的人生，委實微不足道，但在那稱我們為「蒙愛的」上帝眼中，我們極為重要——我們的重要性無法用我們的壽數來衡量。我們會結出果子——雖然我們在這世上看不見果子，但可以相信這是事實。

獨處、羣居、事奉，這幾樣操練，幫助我們在生活中結出果子。你要住在耶穌裏面，如此，耶穌也必住在你裏面。你會結出許多果子。你會大有喜樂，而且你的喜樂是完滿的喜樂。[5]

你們要常在我裏面，我也常在你們裏面。枝子若不常在葡萄樹上，自己就不能結果子；你們若不常在我裏面，也是這樣。

約十五 4

註釋

1. Parker J. Palmer, *The Promise of Paradox: A Celebration of Contradictions in the Christian Life* (Notre Dame, Ind.: Ave Maria Press, 1980), 83.
2. Jean Vanier, *Community and Growth: Our Pilgrimage Together* (New York: Paulist Press, 1979), 200. 范尼雲是「方舟團體」的創辦人。
3. 這篇章中的一些材料取自 Henri Nouwen, "All Is Grace," *Weavings*, Vol. VII, No. 6 (November/ December 1992), 39～40。
4. 這段落的某些材料取自以下期刊中的一篇文章：*America* (March 13, 1976), 197～198。

5. 除了上述註釋所列之材料，本書還選用了以下盧雲的作品：“Moving From Solitude to Community to Ministry”(*Leadership* Magazine, Spring 1995)；轉錄資料：“An Evening with Henri Nouwen”(St. James' Church, New York City, November 11, 1993)；“Communion”（未出版手稿）；以「禱告」為題的某次非正式演講之紀錄（Westminster Presbyterian Church, Nashville, Tennessee, February 10, 1991）；“The Life in Faith”（未出版手稿）。

* 本表所列之書籍為英文版。

盧雲著作引述出處*

本書頁碼 23：*Making All Things New*（1981），頁 66。

本書頁碼 26：*Bread for the Journey*（1997, May），頁 18。

本書頁碼 29：*Here and Now*（1994），頁 71。

本書頁碼 35：*¡Gracias!*（1983），頁 151。

本書頁碼 37：*Clowning in Rome*（1979），頁 30。

本書頁碼 41：*With Burning Hearts*（1994），頁 75。

本書頁碼 45：*The Way of the Heart*（1981），頁 22。

本書頁碼 49：*The Road to Daybreak*（1988），頁 72。

本書頁碼 54：*¡Gracias!*（1983），頁 12。

本書頁碼 57：*A Cry for Mercy*（1981），頁 26。

本書頁碼 59：*Bread for the Journey*（1997, May），頁 3。

本書頁碼 65：*Reaching Out*（1975），頁 22。

本書頁碼 69：*The Road to Daybreak*（1998），頁 68。

本書頁碼 74：*Creative Ministry*（1971），頁 108。

本書頁碼 76：*Bread for the Journey*（1997, January），頁 10。

本書頁碼 77：*The Road to Daybreak*（1988），頁 159。

本書頁碼 82：*Finding My Way Home*（2001），頁 49。

本書頁碼 85：*Creative Ministry*（1971），頁 97。

本書頁碼 87：*With Burning Hearts*（1994），頁 93。

本書頁碼 90：*Lifesigns*（1986），頁 56。

本書頁碼 93：*Compassion*（1982），頁 4。

本書頁碼 95：*Life of the Beloved*（1992），頁 67。

本書頁碼 97：*Finding My Way Home*（2001），

頁 142 ～ 144。

本書頁碼 102：*Bread for the Journey*（1997, January），

頁 4。

盧雲生平

盧雲是享譽國際的作家、備受尊崇的大學教授、廣受愛戴的牧者。他曾就靈命寫書超過四十本，啟迪安慰世界各地無數心靈。自從一九九六年他離世後，有愈來愈多的讀者、作者、研究者，在他的著述汪洋中樂而忘返。他的書已譯成超過二十二種文字，並不斷出版。

一九三二年一月二十四日，盧雲生於荷蘭的奈凱爾克（Nijkerk）。他在一九五七年獲封司鐸。為了加深對人間疾苦的認識，他在一九六四年前赴美國，在梅寧格醫院（Menninger Clinic）修讀宗教與心理學課程。其後他在聖母大學、阿姆斯特丹牧職學院（Pastoral Institute, Amsterdam）、耶魯大學、哈佛大學任教，是極受歡迎的教授。

他的授課與寫作之所以能吸引眾人，與他的熱忱大有關係——他的熱忱，是將自己生命的所有經歷，整合為滿有生氣的靈修神學。他深信這種整合，是當今社會的迫切需要。他的著作總帶著自傳意味，能為讀者提供一扇窗戶，窺探靈性求索路上的喜樂與掙扎。他的靈性觀點具有普世性，可以越過

許多界限，啟發來自不同背景的人：華爾街銀行家、從政者、專業人士、祕魯農民、教師、宗教領袖、神職人員、護理人員。

盧雲一生風塵僕僕，講課不絕，題材遍及事奉、關顧、憐憫、復和、苦難、獨處、羣體、善終、死亡。

盧雲總在不斷尋找新意象，去傳達福音信息的深妙，譬如說，他會跑去馬戲團，特意跟高空鞦韆表演者做朋友。就在他突然離世前，他還在思考以馬戲團生活為意象，象徵人生的靈性旅程。他的經典著作《浪子回頭》（*The Return of the Prodigal Son*）將藝術與靈性結合，為福音書中一個古老的比喻，予以當代的詮釋。

他生命的最後十年，住在加拿大多倫多市近郊的方舟團體，與一羣殘障人士一同生活。

盧雲確信個人與上帝的關係，是一切關係的根基，這信念促成「盧雲學會」的成立，旨在創造機會，提供資源，助人追求、實現靈命的成長。

緊扣時代 服事教會

以文字傳揚基督真道

讀者意見表

衷心多謝你購買本社書籍。本社一直致力以出版事工服事教會，幫助信徒扎根於神的話語，促進靈命增長。為使我們的出版更能滿足你的需要，請填寫下列各項資料，並寄回或傳真予本社。

所購書籍：________________

本書最吸引你的地方：

☐作者 ☐適切性 ☐文筆 ☐設計 ☐實用性

☐其他：________________

購買本書地點：

☐基道書樓 ☐基督教書店 ☐非基督教書店

性別：☐男 ☐女 職業：________________

信仰：☐基督徒 ☐非基督徒

年齡：☐ 16 歲或以下 ☐ 17～25 歲 ☐ 26～35 歲

☐ 36～55 歲 ☐ 56 歲或以上

學歷：☐中三或以下 ☐中五 ☐預科

☐大學 ☐研究院

☐我欲更多了解基道出版社的事工及考慮支持，請寄給我下列資料：

☐機構簡介 ☐新書資料 ☐基道會員通訊

☐《基道文字事工通訊》

姓名：________________ 電話：________________

地址：________________

____

傳真：________________ 電子郵件：________________

其他意見：________________

____

意見表可以傳真（2687-0281）或直接郵寄以下地址：
香港沙田火炭坳背灣街26號富騰工業中心1011室
基道出版社編輯部收